BERNAR
VENET
FURNITURE

© Éditions Assouline
26-28, rue Danielle-Casanova, 75002 Paris
Tél. : 01 42 60 33 84   Fax : 01 42 60 33 85
www.assouline.com
Dépôt légal : 2ᵉ semestre 2001
Tous droits réservés
ISBN : 2 84323 330 5
Photogravure : Gravor (Suisse)
Imprimé par Grafiche Milani (Italie)
Toute reproduction de cet ouvrage, même partielle,
est interdite sans l'autorisation préalable de l'éditeur.
Achevé d'imprimer : octobre 2001

© 2002 Assouline Publishing
Assouline Publishing, Inc.
601 West 26ᵗʰ Street 18ᵗʰ Floor
New York, NY 10001
Tel: 212 989-6810. Fax: 212 647-0005
www.assouline.com
ISBN: 2 84323 330 5
Translated from the French by Mike Westlake

BERNAR VENET FURNITURE

Texte / Text
Claude Lorent

Photographies / Photographs
François Fernandez

ASSOULINE

9 ▶ 9A 10 ▶ 10A

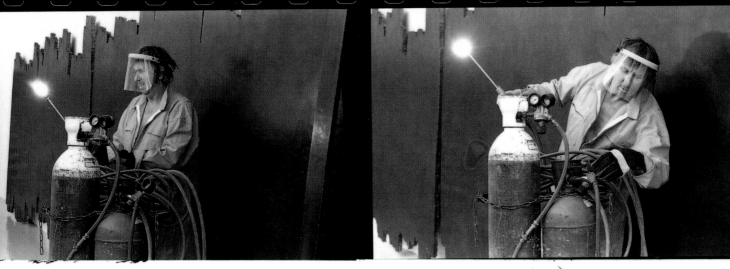

▶ 15A 16 ▶ 16A

21A 22 ▶ 22A

Mobilier sculptural

Bien qu'elle soit la résultante d'une nécessité non artistique, puisque tout simplement domestique, la création de mobilier s'insère dans l'œuvre de Bernar Venet avec un tel naturel et une telle évidence qu'on peut aujourd'hui la considérer comme l'une des composantes, parmi bien d'autres, à la fois distincte, ne serait-ce que par son côté utilitaire, mais aussi conçue en conformité avec les options fondamentales énoncées par l'artiste depuis le début des années soixante.

Étant donné la radicalité quasi absolue de l'œuvre de Bernar Venet, il n'est pas aisé de proposer, sans risque, une lecture qui ne soit pas une redite analytique de sa démarche, un calque de ses propres explications sur sa conduite artistique et ses méthodes de travail. Tout simplement, c'est introduire une subjectivité, dans un monde d'où elle a été volontairement exclue, tant dans la création que dans l'interprétation, surtout durant la période de 1968 à 1971, d'un fonctionnement exclusivement conceptuel.

C'est cependant ce qui est tenté en cette courte approche qui entend replacer les objets du mobilier créé par Bernar Venet dans une filiation un tant soit peu historique et au croisement des préoccupations artistiques de l'artiste. Sans prétendre se replonger ici dans une étude historique approfondie, il n'est pas inintéressant de se remémorer quelques liens artistiques étroits entre des démarches plasticiennes et des ouvertures tant au mobilier qu'aux espaces architecturaux, voire aux objets décoratifs.

Les connexions avec Bernar Venet s'établissent au niveau d'une communauté d'esprit, même si les principes moteurs diffèrent. D'emblée, la rigueur de conception, les préoccupations environnementales et les applications à l'architecture intérieure y trouvent des correspondances, ainsi, et peut-être surtout, qu'un aspect scientifique à certains égards commun.

Époque fabuleusement active et nourrie de nombreuses tendances dans le courant général abstrait construit, éclos en plusieurs lieux d'une Europe en pleine effervescence créatrice, les années vingt – avec en toile de fond le rêve de voir se développer un nouvel et authentique art de vivre – ont réuni pour la première fois, en un même élan généreux, tous les domaines artistiques, les incluant dans un contexte où les aspects scientifiques et industriels imprègnent le social et le culturel.

Repères historiques

On notera, outre qu'on assiste à ce moment à la naissance effective du design, que partout où se manifestent, avec la complicité volontaire des peintres et des sculpteurs, les extensions à l'architecture, à la fabrication d'objets décoratifs ou utilitaires, voire au graphisme, les principes de base, quelles que soient les tendances et les différences, sont d'une part, et tout naturellement, le fonctionnel, d'autre part la simplicité à orientation géométrique.

L'exemple du Bauhaus est certainement le plus probant en la matière, ainsi que dans la mise à niveau commun des arts dits majeurs et mineurs. Néanmoins, il n'est pas le seul à prendre sous sa coupe toutes les réalisations possibles, de la sculpture à l'architecture en passant par le mobilier. Le suprématisme, les théories constructivistes russes, les membres de De Stijl, avec le néoplasticisme de Mondrian et de Van Doesburg, qui tous défendaient une forme d'art pur, ainsi que ceux du groupe "7 Arts", constitué en Belgique de 1922 à 1929, influencèrent de façon déterminante ces ouvertures, même si celles-ci ne furent, par incompréhension ou raisons socio-économiques, voire politiques, qu'éphémères.

Les réalisations d'un Walter Gropius, d'un Malevitch, celles d'un Le Corbusier en France dans le
cadre du mouvement puriste, ou encore celles de
Victor Servranckx et de Marcel Baugniet en Belgique, pour ne citer que quelques références parmi
les plus célèbres, attestent des applications plasticiennes au mobilier. Attitude totalement justifiée
par les déclarations parues dans la revue *De Stijl* :
"Nous devons comprendre que l'art et la vie ne
sont plus des domaines séparés."

Et c'est effectivement ce que ressent Bernar Venet
en 1968, lorsque, installé dans son loft new-yor-
kais, fatigué du voisinage de quelques meubles
de récupération caducs, il décide de dessiner lui-
même son propre mobilier et, d'une certaine manière, de vivre dans un cadre quotidien en étroite
adéquation avec sa pensée et sa conduite artistiques.

Si l'on poursuit quelque peu la réflexion dans un
cadre historique plus contemporain, les références générales s'inscrivent davantage dans le
minimalisme et le conceptuel que dans la mou-
vance d'un néo-formalisme ou d'un second courant d'abstraction construite. En effet, Bernar
Venet, basant sa démarche sur une utilisation lin-
guistique des mathématiques – où il puise notamment le sens d'une rigueur toute scientifique et à

partir de laquelle il développe le caractère rationnel de l'œuvre d'art en éliminant tout apport subjectif et la possibilité de variations –, se positionne comme conceptualiste le plus pur, pour qui l'idée prévaut sur toute réalisation. Quant au minimalisme – et si l'on devait tenter des comparaisons quant aux options stylistiques du mobilier de Bernar Venet, ainsi qu'au mode de fonctionnement qui y a présidé ou aux nécessités qui l'ont conduit à sa création –, il est, pour diverses raisons, un nom qui s'imposerait : celui de l'Américain Donald Judd, auteur d'une œuvre de rigueur, sculpturale, mais également d'un mobilier qui ne se départ point de cette orientation.

Lorsqu'à la fin des années cinquante, Donald Judd conçoit et réalise, par manque de moyens financiers, et par nécessité d'un minimum de confort, deux meubles, suivis quelques années plus tard (1966) de deux étagères, il s'en tient à des constructions extrêmement sommaires, sans véritable option esthétique.

Ce n'est qu'à l'amorce des années soixante-dix, alors qu'il habite à trois blocs de Bernar Venet sur Spring Street à Soho, que Donald Judd prend apparemment conscience, ou se soucie, d'une relation potentielle entre sa démarche plasticienne et la création de son mobilier. Aussi, une pensée

esthétique homogène cimente-t-elle tout ce qu'il entreprend dès lors qu'il décide de s'installer à Marfa, au Texas, en 1974. Le dessin préliminaire, en tant qu'étude donc, précède dorénavant chaque réalisation. Le mobilier, comme chez Bernar Venet et en une sensibilité proche, sobre et géométrique, est devenu, après un stade de nécessité, une part même de son expression.

Depuis l'année de leur rencontre, Bernar Venet et Donald Judd partagent, outre une conception générale du travail ne manquant point de convergences et comprenant notamment la réalisation de meubles, d'une part, un intérêt commun pour l'architecture en correspondance avec leurs options, d'autre part, une passion de la collection d'art contemporain qui les conduira à échanger quelques œuvres, sculptures et dessins. Cette relation amicale et professionnelle, qui perdure au fil des ans, sans induire une notion de cause à effet, appelle le rapprochement proposé, qui trouve une autre justification en l'utilisation, par chacun et pour le mobilier, des matériaux bruts à l'origine de leurs œuvres sculpturales. Réfutant fréquemment l'appartenance au minimalisme et situant son travail au-delà d'une démarche construite, ce qui serait effectivement réducteur, Donald Judd rejoint par conséquent des fondements artistiques conceptuels dont Bernar Venet s'est prévalu plus que tout autre. Chez l'un comme chez l'autre, le travail relatif au mobilier ne peut être considéré indépendamment de l'ensemble de l'œuvre, tellement il s'y inscrit en pleine homogénéité. Si cette caractéristique rare peut conduire chez Judd jusqu'à une quasi-confusion, suivant la manière dont la réalisation est placée dans l'espace, c'est que ses sculptures, par leurs formes et leurs volumes, s'avèrent parfois extrêmement proches de certains éléments de son mobilier. Par exemple, une chaise de 1992, couchée sur son dossier et présentée hors de tout contexte fonctionnel, pourra être appréhendée telle une sculpture. Cette confusion est impossible chez Venet, car l'identité sculpturale est trop forte, trop distinctive, par rapport à toute forme et tout volume à caractère utilitaire, aussi simples soient-ils. Même un tabouret renversé, isolé, ne pourra semer le doute, car ce type de "construction", s'il relève bien d'une conception globale cohérente, ne correspond nullement à une formulation sculpturale de Bernar Venet, parce qu'il ne répond pas à l'idée, notamment d'indéterminé, qui gère l'œuvre sculptée. Là certainement se situe, malgré les parentés certaines, une différence fondamentale entre les deux démarches.

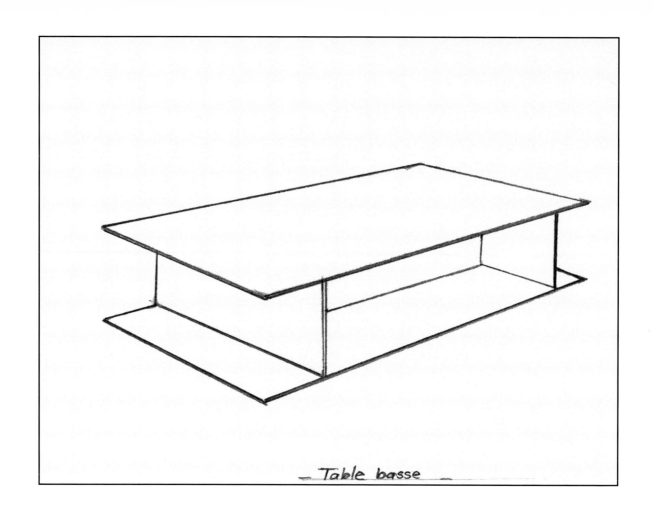

_ Table basse _

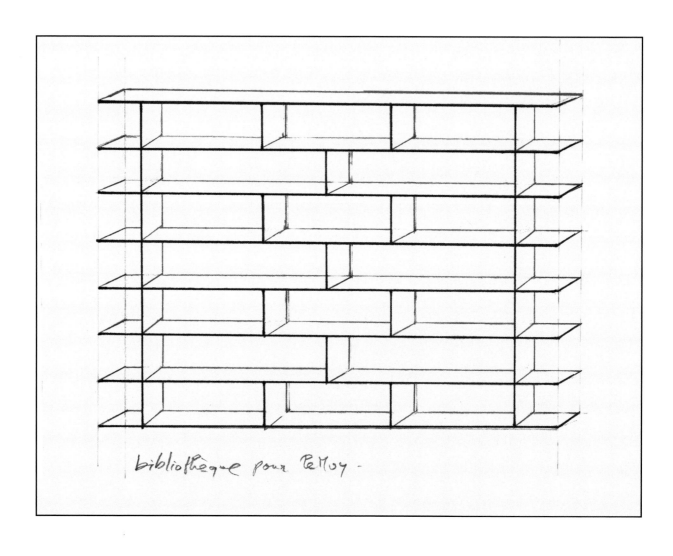

bibliothèque pour PeMoy -

Parentés sculpturales

On adjoindra à ces constatations les investigations réalisées par l'artiste, tant au niveau des matériaux industriels et banals – le goudron, les cartons, les tubes de chlorure de polyvinyle... – que dans les techniques abordées, de la photographie à la sculpture, du dessin au mobilier, de l'objet utilitaire ou décoratif à l'aménagement environnemental, et jusqu'à la chorégraphie et la performance ; on constate que tout comme ses prédécesseurs, il fait fi des hiérarchies traditionnelles. De ce fait, le mobilier entre de plein droit et de plain-pied dans sa production artistique.

En 1966, alors qu'il réalise des sculptures à l'aide de tubes en bakélite, il les expose en regard du dessin scientifique et industriel à partir duquel l'œuvre a été réalisée. Cette démarche associative montre à quel point chaque œuvre est précédée d'une étude très précise où les mesures, les dessins et le choix des matériaux concourent à une réalisation sans surprise. La réalité correspond au plan tracé. Lorsqu'il traite le mobilier, les dessins préparatoires sont également là pour l'attester, Bernar Venet agit de la même façon, mais les mesures prises en compte dépendent de nouveaux paramètres, que l'artiste connaît bien par ailleurs

puisqu'il travaille fréquemment le monumental en site propre. En effet, lorsqu'il installe, par exemple, dans le jardin Albert Ier à Nice, en 1988, un *Arc 115,5°,* il a non seulement conçu l'œuvre pour le lieu, mais calculé l'ampleur à lui donner en fonction de son inscription possible dans un environnement précis et particulier. Le mobilier, objet utilitaire, mais également sculpture par plus d'un aspect, intervient dans un même type de rapport de spatialité en regard d'un lieu tout aussi précis, bureau, salle de séjour, bibliothèque... C'est sans aucun doute l'une des raisons pour lesquelles plusieurs réalisations sont modulables : elles se doivent de s'adapter aux dimensions précises de l'habitat, où la détermination de leur emplacement tient en quelque sorte de l'installation. On se situe donc, et très précisément, dans le contexte environnemental et dans la problématique qu'il soulève, l'artiste ne vivant là aucun dépaysement majeur. Par contre, il est une dimension nouvelle et indispensable qui intervient obligatoirement : les proportions humaines. Les meubles, par leur résonance pratique, exigent d'être construits à la mesure de l'homme et pour son confort. Dès lors, leur qualité plastique, qui ne peut être en retrait par rapport au reste de la création, doit se doubler d'une autre qualité, que l'on pourrait qualifier de service. On notera cependant que pour conjuguer les deux, Bernar Venet ne consent à aucune concession quant aux fondements mêmes de sa démarche artistique. Son mobilier appartient tout entier au monde de la sculpture, même s'il s'en distingue nettement sur le plan formel, au point que l'un et l'autre ne peuvent être confondus, ainsi qu'on a déjà pu le constater. L'une des preuves les plus significatives de ce rapprochement est le rapport qui s'établit tout naturellement entre une acrylique sur toile de 1978, *Position de deux arcs de 207,5° chacun,* et la série des assiettes. L'une n'a sans doute pas généré l'autre, mais rien ne s'y oppose. En fait, on peut, en citant l'artiste, situer la création du mobilier dans l'ensemble du travail. "[J'opte], disait- il, depuis 1961 pour un travail où la sobriété des moyens employés et une tendance à la neutralité (recherche d'un zéro stylistique par l'élimination de la facture) sont les éléments essentiels qui motivent mon activité." Ces propos seront corrigés quelques années plus tard alors qu'il a renoué, après une interruption de son travail artistique de 1970 à 1976, avec une nouvelle vitalité productive, et que, d'une part, il décide que "l'œuvre devient objet d'investigation", et que, d'autre part, il exprime son refus de "satisfaire ses pulsions pathologiques à la création d'objets" et ajoute la nécessité de trouver de nouvelles solutions.

Une plasticité utilitaire

Détaché donc, après quelques années, de sa position conceptuelle d'un radicalisme absolu, il ne se départira pas pour autant d'un vocabulaire dont les lignes – droite, brisée ou courbe – restent les éléments fondamentaux, et ce, d'autant plus que le mobilier relève, d'un certain point de vue, de l'art de la construction.

Par le matériau choisi, l'acier brut trempé, travaillé en sculpture et assemblé par soudure, confirmant l'option industrielle, l'artiste ajoute des éléments antinomiques à une forme de design contemporain adjacent à la civilisation du rutilant et de l'éphémère. Il oppose le solide à la fragilité, il opte pour l'incassable, l'indestructible, l'état brut et, par le poids considérable, pour l'indéplaçable. Il n'est pas interdit d'y voir, en sus, une subtile symbolique du contenu !

Ce matériau issu du feu, laissé à l'état quasi brut, s'oppose à la sophistication extrême de nombreuses réalisations contemporaines, sortes de mobiliers bijoux sur lesquels la moindre griffe se mue en drame irréparable. Rien de tel pour l'acier : traces, signes, marques du temps, de l'usure, des frottements, des affres du travail s'acceptent, s'amenuisent même et se perdent dans une matière de surface faussement monochrome et tranquille, riche en fait de multiples variations chromatiques des plus subtiles, des plus inattendues, naturelles, qui offrent à ce matériau froid une chaleur et lui enlèvent une part de sa neutralité.

Le mobilier de Bernar Venet répond à la recherche permanente d'une organisation rationnelle, dans le cadre très strict d'une géométrie plane où jouent seules les verticales et les horizontales. Ce dépouillement extrême reste, en volumes, une abstraction d'où est bannie toute espèce de séduction et dont la plastique minimaliste est antiformaliste, en ce sens que rien n'est de trop, que rien n'est inutile dans le cadre de l'objectivité fonctionnelle.

Le meuble, peut-être même davantage que la sculpture, par son double aspect plastique (intellectuel et sensible) et pratique (utilitaire), devient par excellence le lieu de la fusion de la forme et du contenu. Il engage à un type de décodage différent puisque l'œil sollicité sera amené à contempler et à porter une appréciation esthétique mais également à jauger l'objet dans sa référence utilitaire. Ainsi, cette question du sujet et de la forme, posée dans une sculpture comme le projet de l'Arc majeur

sur l'autoroute A6, trouve-t-elle une réponse concrète dans l'objet/sculpture/mobilier.

Les œuvres les plus récentes dans le domaine du fonctionnel s'inscrivent plus que jamais dans ce contexte de globalité prenant en compte, sans concession, autant, si ce n'est davantage, le langage plastique, dans sa radicalité définie précédemment, que les impératifs du pratique.

En effet, inévitablement, en une lecture artistique où fusionnent les divers paramètres, la table en croix, outre son aspect singulier, audacieux par rapport aux schémas mobiliers habituels, appelle une référence aux formes essentielles retenues déjà par les suprématistes et les constructivistes. Cet objet utilitaire se confond dès lors avec son intégrité sculpturale, en une osmose naturelle.

Faisant appel désormais à la courbe et au cercle afin d'offrir de nouvelles commodités, Bernar Venet rejoint des bases identiques. Puisant en un répertoire formel des plus minimaux et des plus fondamentaux, il élargit son vocabulaire et multiplie donc les propositions, en une fidélité indéfectible à ses principes créateurs premiers. À cette enseigne, la nouvelle table ronde doit être considérée comme un modèle d'ingéniosité dans le respect total des paramètres stylistiques depuis longtemps énoncés et clairement déclinés. Lignes, formes, conception et réalisation conservent la radicalité du propos initial. Doublement astucieuse car, d'une part, évidée en son centre, et d'autre part, constituée d'un cercle ouvert permettant un accès intérieur extrêmement commode pour les besoins du service, elle s'inscrit totalement dans le travail conceptuel et sculptural.

En effet, elle est l'application ingénieuse, autant qu'inattendue, des arcs antérieurs, et particulièrement du principe développé dans *Position de deux arcs,* qui, faut-il le rappeler, induisait en ses prolongements – est-ce un hasard ? – le dessin d'une assiette. L'espace d'ouverture, pour pratique qu'il s'avère, comme l'évidement central correspondent également à la dynamique, certes irrégulière, ainsi qu'aux relations spatiales (vide/plein) des "Lignes indéterminées". Plus subtilement encore, les contours oxycoupés des plaques d'acier affichent une parenté avec ceux, accentués, des nouvelles "Surfaces indéterminées".

À l'inverse, on peut aussi se demander si le mobilier – chaise, table, lit, canapé... –, davantage surface que volume, n'a pas influencé les nouvelles structures, bien que plans dressés plutôt qu'horizontaux. On notera encore que l'intervention du triangle, tronqué ou non, dans certaines chaises ou dans les torchères – grands bougeoirs –, est,

jusqu'à présent, spécifique au mobilier, si ce n'est peut-être en l'expression de certains angles.

Quant au projet architectural imaginé pour le musée d'Art concret de Mouans-Sartoux, il se présente comme une rare adéquation entre une démarche artistique rigoureuse, un édifice et le caractère particulier de son affectation. Les notions d'art concret et construit y trouvent un sens à la fois très strict et complexe, puisque le fonctionnel rejoint le sculptural, et que l'architecture se fond dans le concept artistique même dont le musée est porteur. La concordance des données est fusionnelle.

Une fois de plus, c'est au sein de son travail que Bernar Venet a puisé la solution, puisqu'il reprend une œuvre de 1979, *Position de quatre angles droits,* qu'il applique en une imbrication misant à nouveau sur un espace ouvert. Parallélépipédiques à l'image des tubes d'acier des lignes indéterminées, les deux éléments architecturaux qui, superposés, forment un carré, sont des figures d'U angulaires (Unité), emboîtées mais distinctes et décalées. Elles s'opposent aux sophistications de plus en plus fréquentes d'une architecture qui cherche à se justifier ou à se glorifier, plutôt qu'à répondre le plus sobrement possible aux besoins du lieu. Dans le cas présent, l'envisageable lumière

zénithale, les ouvertures vers l'intérieur, les modulations intérieures aisées, la netteté du parcours concentrent l'attention sur le contenu. La meilleure architecture, comme le meilleur design, ne sont-ils pas justement ceux qui, répondant au mieux aux impératifs, se font oublier parce que riches d'une pensée rigoureuse ?

Le mobilier de Bernar Venet relève, comme on a pu le constater, d'une position artistique affirmée à travers l'ensemble de son œuvre, raison pour laquelle, plutôt que de parler de style selon la coutume, il est plus exact d'évoquer la ligne. Le terme est ici pris en des sens multiples. Une ligne de la simplicité fonctionnelle, de l'efficacité relative au service à rendre, de la sobriété qui s'ouvre sur un rationalisme utilitaire. Mais aussi une ligne plastique, géométrique, mathématique qui définit l'orientation d'une logique rigoureuse, d'une radicalité sans faille et d'une rare intelligence du pratique qui tient compte du facteur humain.

Sculptural furniture

Answering to a purely domestic and therefore non artistic need, furniture design fits into Bernar Venet's work so naturally and obviously that today it may be regarded as simply one aspect of his work among many others. His furniture is distinctive not only in terms of function, but also in design, in that it is built in accordance with fundamental principles developed by the artist since the early 1960s.

Given the uncompromising, radical nature of Bernar Venet's work, it is no easy matter to suggest a reading that does not risk becoming an analytic repetition of his project; a mere carbon copy of his own explanation of his artistic pursuits and his interpretation of a purely conceptual art—especially during the period from 1966 to 1971.

Nevertheless, this is precisely what is attempted in this brief appraisal, which aims to place the furniture created by Bernar Venet within a historical perspective and at the crossroads of the artist's creative preoccupations. While there is no room here for an in-depth historical study, it is interesting to recall some of the direct artistic links between his plastic artistic endeavors and his openness to furniture design, architectural spaces and even decorative objects.

For Bernar Venet, correlations exist in terms of a shared conceptual approach, even if the driving principles are different. Immediate parallels occur between the discipline of design, environmental concerns and their application in interior decoration, as well as, and perhaps above all, a scientific dimension embracing certain common features.

Against a backdrop of hope for a new, authentic way of life, the 1920s were an amazingly productive period nourished by a variety of tendencies within the overall trend toward abstraction that arose in a creatively vibrant Europe. In a single fertile surge, these years brought together for the first time, all artistic spheres, uniting them within a context where scientific and industrial activities pervaded social and cultural life.

Historical reference points

Not only was this the moment when design was born, but emerging everywhere—with the willing involvement of painters and sculptors—was an expansion into architecture, decorative or utilitarian objects, and even graphic design. The two basic principles, whatever the various trends, were a natural functionalism and a geometrically inspired simplicity. Bauhaus was certainly the most compelling example of this juxtaposition, as it placed the so-called "high" and "low" arts in the same forum.

Nevertheless, Bauhaus was not the only attempt to integrate sculpture, architecture and furniture design within a single movement. Suprematism, Russian constructivism, the members of De Stijl (with Mondrian's and Van Doesburg's neo-plasticism) as well as the "7 Arts" group, active in Belgium between 1922 and 1929, all defended a form of pure art and exercised a decisive influence on these initiatives, even if they were to prove ephemeral through lack of comprehension or for socioeconomic or even political reasons.

The creations of Walter Gropius and Kasimir Malevitch, or those of Le Corbusier in France, in the context of the Purist movement, or of Victor

Servranckx and Marcel Baugniet in Belgium—to mention just a few of the most well-known personalities—testify to sculptural applications in furniture-making. The approach was fully endorsed by declarations published in the *De Stijl Review*: "We must understand that art and life are no longer separate spheres."

This was in fact how Bernar Venet felt in 1968 when, established in his New York loft and tired of the outmoded furniture around him, he decided to design his own furnishings and, as it were, to live on a day-to-day basis in accordance with his artistic thinking and practice.

To place this line of thought into a more contemporary framework, the overall references belong more to minimalism and conceptual art than to neo-formalism or a second wave of constructed abstraction. Indeed, by basing his approach on a linguistic appropriation of mathematics in which he draws heavily on the notion of scientific rigor, and from which he develops the rational character of the artwork while foreclosing on any subjective input or possibility of variation, Bernar Venet emerges as an ultra pure conceptualist for whom the idea overrides any realization of it. As for minimalism— if comparisons must be drawn to Venet's stylistic choices for furniture—as well as to the working method he has adopted and the impulse that has led him to create—there is one name that stands out: Donald Judd, creator of a rigorous sculptural oeuvre, including furniture, that adheres closely to this orientation.

When at the end of the 1950s, Donald Judd, out of financial necessity, designed and built two simple pieces of furniture, followed several years later (in 1966) by two sets of shelving, he confined himself to extremely rudimentary constructions without any real aesthetic dimension. It was only in the early 1970s, when he was living three blocks away from Bernar Venet, on Spring Street in Soho, that Judd apparently became aware of or interested in a potential relation between his installation work and the creation of furniture. Around 1974, when Judd decided to move to Marfa, Texas, a uniform aesthetic approach was increasingly evident in all his various undertakings. Henceforth a preliminary drawing, functioning as a study, would precede each work. As with Venet, and in a comparable spirit of geometrical sobriety, furniture evolved from simply being a necessity to being part of an

overall conception of work with many points of convergence. Besides having in common their creation of furniture, Bernar Venet and Donald Judd have also shared an interest in architecture, corresponding to their preferences, and a passion for collecting contemporary art. These common interests led to their exchanging a number of works, both sculpture and drawings. Without implying any notion of cause or effect, this friendly and professional relationship, which endured over the years, suggests another parallel in their common use of the raw materials originally deployed in their sculptural works for their furniture. Frequently disavowing any allegiance to

minimalism and situating his work beyond a constructed approach—which would in effect be reductive—Donald Judd is thereby allied to the conceptual art foundations which Bernar Venet has, more than any one else, made his own. In neither case can the furniture be considered outside of the oeuvre as a whole, such is the consistency of their approach. If this unusual characteristic can lead, in the case of Judd, to near confusion, depending on the way the object is placed in space, it is because Judd's sculptures, through their shapes and volumes, can at times be extremely similar to certain items of furniture. For example, a chair from 1992, lying on its back and

displayed outside of any functional context, could be perceived as a sculpture. This confusion is not possible with Venet, since his sculptural identity is too strong, too distinctive, in relation to any shape or volume of a functional nature, however simple it may be. Even an isolated up-turned stool could not give rise to any doubt, since this type of "construction," though it conforms to a consistent overall conception, in no way corresponds to any of Venet's sculptural work. For it does not adhere to the idea, in particular that of the indeterminate, that controls his sculptures. It is here that despite their kinship there arises a fundamental distinction between the two approaches.

Sculptural Kinship

What's more, it is evident from the artist's experimentation both in relation to industrial and everyday materials such as tar, cardboard, Bakelite tubes, etc., and to his techniques—adopted from photography, sculpture and drawing, to furniture-making (from the functional or decorative object to its spatial setting) and extending to choreography and performance—that, like his predecessors, he disdains traditional hierarchies. As a result, furniture-making enters his artistic work in its own right and on equal terms.

In 1966, when Venet was making sculpture using Bakelite tubes, he exhibited them in conjunction with the scientific and industrial designs upon which they were based. This comparative approach shows how each work is preceded by a precise study in which the dimensions, design and choice of materials produce a result that holds no surprise: the completed work corresponds exactly to the plan. As his preparatory drawings illustrate, Venet tackles furniture with the same approach, however the measurements taken into account depend on new parameters familiar to the artist from his frequent on-site experience with monumental works.

When, for example, in 1988 he installed his *Arc 115,5°* in the Albert 1er Garden in Nice, he not only designed the work specifically for the site but calculated its scale on the basis of being sited in this specific place. Furniture, which is both functional and, in many respects, sculptural, enters into a similar spatial relationship with its particular environment, whether office, living room, library etc. This is no doubt one of the reasons why many of his works are modular. They must conform to the precise dimensions of their setting, in which placement follows to a certain extent from the installation. They are therefore very precisely situated within an environmental context and within the problematic the artist raises—Venet does not leave any major disorientation.

There is another crucial dimension that requires consideration: the human proportion. For practical reasons, furniture must be made on a human scale and for comfort. Consequently, the sculptural dimension, which cannot be subordinated to other creative aspects, must be coupled with serviceability. However, in combining the two, Venet refuses to make any concessions in terms of the

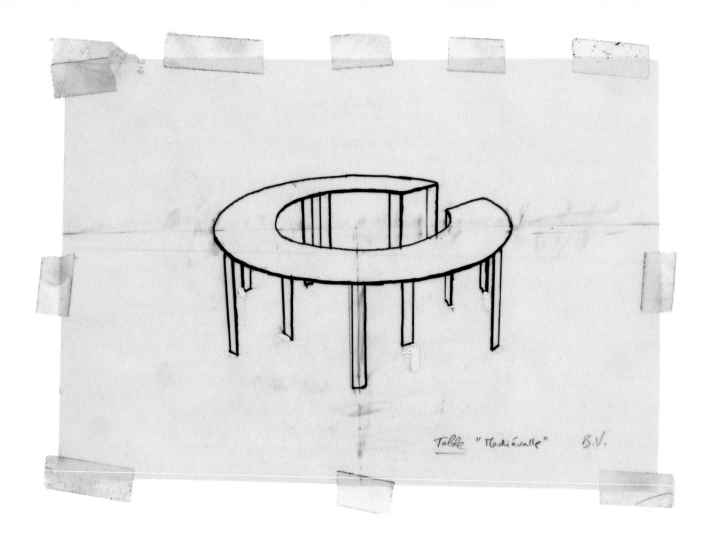

Table "Mediévalle"   B.V.

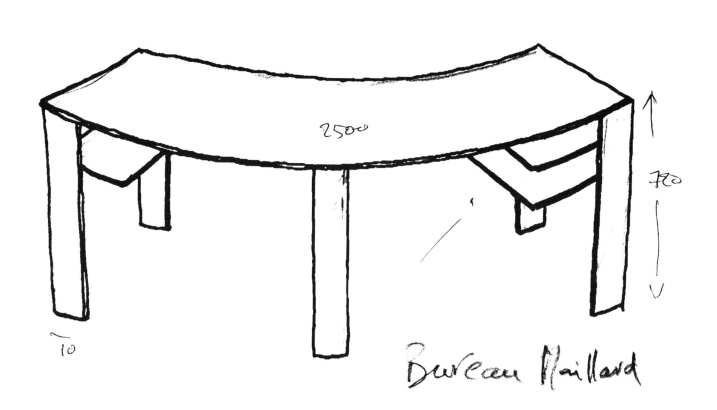

2500

720

10

Bureau Maillard

fundamentals of his artistic approach. His furniture remains entirely within the realm of sculpture: he clearly distinguishes it on a formal level, to the point that, as has already been discussed, the two cannot be confused.

One of the best examples is the parallel which arose quite naturally between a 1978 acrylic on canvas, *Position of Two Arcs, Each of 207.5°* and the dinner plate series. Though one probably was not the direct source of the other, nothing stands in the way of it having been so. Indeed, on the basis of the artist's own words, his furniture can be situated within his work as a whole. "Since 1961 [I have opted] for work in which the sobriety of the means used and a tendency towards neutrality—the search for a stylistic zero by eliminating workmanship—are the essential elements that motivate me." This position was modified some years later when, after an interruption between 1970 and 1976, he resumed his artistic work with new productive energy and decided that "the work becomes the object of investigation" and he expresses his refusal to "satisfy [his] pathological drive to create objects," adding that he needed to find new solutions.

Functional sculpture

Having broken away after several years from his conceptual stance of absolute radicalism, Venet was to make no further departure from a vocabulary in which the line (straight, broken or curved) and the angle remain the basic elements of his work—all the more so since in one respect furniture comes under the art of construction.

Through the material chosen—untreated hardened steel worked into sculptural form and assembled by welding, thereby emphasizing the industrial dimension—Bernar Venet adds contradictory elements to a contemporary design proximate to our civilization of the gleaming ephemeral. He opposes strength to fragility, and opts for the unbreakable, the indestructible, the raw state and, through sheer weight, the immovable. It is not out of the question to see in this a subtle symbolics of content.

This furnace-born material, left in a semi-untreated state, contrasts with the extreme sophistication of many contemporary creations, the kind of "furniture-jewelry" on which the slightest mark occasions a major drama. None of this for steel: traces, marks, the signs of time, wear, usage and the legacy of work are all

accepted, losing themselves in the material of a deceptively monochrome, tranquil surface, enriched, in fact, by the many highly subtle, unexpected and quite natural chromatic variations which imbue this chilly material with warmth and soften much of its neutrality.

Bernar Venet's furniture is a response to his constant search for rational organization within the very strict framework of a plane geometry in which only the horizontal and the vertical lines matter. This extreme spareness remains, in terms of volume, an abstraction from which any sort of seduction is excluded and whose minimalist modeling is antiformalist in the sense that there is no excess, no redundancy within the framework of functional objectivity. His furniture, perhaps moreso than his sculpture, through its double coding as plastic (intellectual and sensory) and practical (functional), becomes the supreme site of a fusion of form and content. It calls for a different kind of decoding, since the eye is invited to gaze and to appreciate aesthetically, while also to assess the object in terms of utility. Hence the question of the subject and form, raised by a sculpture such as the road arc project, finds a concrete answer in the object/sculpture/piece of furniture.

Artistic appropriateness

The most recent works within the functional domain are more then ever part of this overall context, uncompromisingly taking account of plastic language, in its previously defined radicalism, as much if not more than the requirements of practicality.

Inevitably, in an artistic reading in which various parameters merge, the table in the form of a cross, as well as having an appearance that is striking and audacious in comparison with conventional furnishing shapes, makes reference to essential forms already adopted by the suprematists and constructivists. In a natural osmosis, this utilitarian object from then on merges with its sculptural integrity. Appealing to the curve and the circle to provide new commodities, Venet returns to the same basic sources. Drawing from them a repertoire of the most minimal and fundamental forms, he broadens his vocabulary and thereby extends his artistic reach while remaining entirely faithful to his initial creative principles.

In this respect, the new round table should be considered a model of ingenuity in its total allegiance to long-stated and elaborated stylistic principles. Its lines, shapes, design and implementation all embody the radicalism of his initial intention. Wholly situated within his conceptual and sculptural work, it is doubly astute in that it is hollowed out in the middle, and it forms an open circle allowing internal access—highly convenient in terms of serving requirements. Indeed, it is an ingenious and quite unexpected application of the arcs, particularly with regard to the principle previously elaborated in *Position of Two Arcs*, which led by extension—through a stroke of luck?—to a plate design. The space of the opening, for practical reasons it turns out, like the central hollowing out, also corresponds to the admittedly irregular dynamic and to the spatial relations (empty/full) of *Indeterminate Lines*. More subtly still, the contours of the oxyacetylene-cut steel plates reveal a kinship with the accentuated contours of the new *Indeterminate Surfaces*. Conversely, it may be asked if the furniture—chair, table, bed, sofa, etc.—more surface than volume, has not influenced these new structures, although as vertical planes rather than as horizontals. The presence of the triangle, whether truncated or not, in some chairs and in the large candleholding

chandeliers is so far limited to the furniture, perhaps for the expression of certain angles.

With regard to the architectural project devised for the Mouans Sartoux Museum of Concrete Art, there is a remarkable coherence between a rigorous artistic approach and the particular character of the commission. Ideas of concrete and complex (since the functional joins the sculptural) and the architecture merge into the same artistic concept to which the museum is dedicated. Agreement among the constituent elements is almost complete. Once again, Venet has drawn the solution from within his own work, in that he has taken a 1979 piece, *Positions of Four Right Angles*, and worked it into an ensemble again involving an open space. Parallelepipedal to the steel tubes of *Indeterminate Lines*, the architectural elements consist of two separate nonaligned angular figure U's (Unity) fitted together and superimposed to form a square. These stand in opposition to an increasingly sophisticated architecture that seeks to justify or glorify itself, rather than to respond as soberly as possible to the needs of the site. In this instance, the possibility of overhead natural light, the openings of the inside, the graceful interior modulations, and the clarity of the approach, all focus attention onto the content. Is

not the finest architecture, like the best design? Rather than talking about style, as is usually the case, it is more appropriate to speak of line in the various senses of the word: functional simplicity, effectiveness in rationalism; the plastic, geometric, mathematical line that defines the orientation; and the line of approach based on rigorous logic, unswerving radicalism and exceptional practical intelligence that takes account of the human factor.

La chapelle Saint-Jean

Sobre comme le paysage qui l'entoure, dominant de Manosque à Sisteron la vallée de la Durance, la chapelle Saint-Jean surplombe le village natal de Bernar Venet, Château-Arnoux-Saint-Auban, au cœur des Alpes de Haute-Provence. Sa construction date de 1668, et c'est en 1995 que les Amis de la chapelle Saint-Jean ont demandé à Bernar Venet de réfléchir sur son réaménagement. C'est ainsi que, sur le modèle de différentes réalisations antérieures, tout un mobilier a pris forme, spécifiquement conçu pour ce projet à caractère religieux. Les bancs ainsi que les tabourets, les chaises et le pupitre ont été découpés au chalumeau (oxycoupage) dans des tôles de 20 mm d'épaisseur, alors que pour l'autel, ce sont des plaques d'acier de 35 mm qui ont été utilisées. La croix, malgré ses dimensions importantes, sort, elle, d'une seule plaque de 10 mm d'épaisseur. Elle est posée tout naturellement au sol et sa partie haute est appuyée contre le mur du chœur. Elle est le seul élément dynamique qui, par sa position oblique, coupe la symétrie parfaite de l'ensemble. Les vitraux ont aussi été dessinés par Bernar Venet. Au premier abord, leurs compositions paraissent abstraites, mais un œil averti reconnaîtra tout de suite les groupements aléatoires de "Lignes indéterminées", un ensemble

de sculptures et de dessins réalisés par l'artiste dès 1989. L'éclairage a été conçu par l'architecte Jean-Michel Wilmotte, avec des projecteurs encastrés dans le sol, au pied des murs, les frisant subtilement. L'utilisation rigoureuse d'un seul matériau, l'uniformité stylistique du mobilier et sa simplicité formelle créent un univers austère qui inspire le silence et le recueillement. À l'entrée de la chapelle, un tableau long et étroit : l'artiste a écrit d'un doigt, dans une fine épaisseur de boue faite de terre et d'eau du Jourdain, où Jean a baptisé le Christ, une phrase de la Bible : "Jean n'était pas la Lumière mais le Témoin de la Lumière."

Saint John Chapel

Simple like the countryside surrounding it, and dominating the valley of the Durance from Manosque to Sisteron, Saint John Chapel overlooks the village where Bernar Venet was born, Château-Arnoux-Saint Auban, in the heart of the Haute Provence Alps. Its construction dates from 1668, and in 1995 the Friends of Saint John Chapel asked Venet to consider its refurbishment. As a result, a complete internal refitting took shape, drawing on the artist's previous work, yet specifically designed in harmony with the religious dimension of the project. The pews and footstools, chairs and lectern,

were cut by oxy-acetylene blowtorch from metal sheets 20-mm thick, while for the altar steel plates 35-mm thick were used. The cross, despite its enormity, was made from a single 10mm-thick plate. This was placed quite naturally on the ground, with its upper part leaning against the choir wall. The cross is the sole dynamic element, since its angled position breaks the perfect symmetry of the whole. Venet also designed the stained glass windows. At first glance, their composition appears to be abstract, but the informed gaze will suddenly recognize the random groupings of *Indeterminate Lines*, a series of sculptures and drawings produced by the artist in 1989. The lighting was designed by the architect Jean-Michel Wilmotte, with recessed spotlights set in the floor at the base of the walls, subtly illuminating their surface. The consistent use of a single material, together with the stylistic uniformity and formal simplicity of the furnishings, create an austere interior that inspires silence and contemplation. At the entrance to the chapel, there is a long, narrow board. On it the artist has inscribed with one finger, in a thin slip of mud made from water and soil from the River Jordan, where John the Baptist baptized Christ, these words from the Bible: "John was not the Light, but the Witness of the Light."

Catalogue raisonné / Descriptive catalogue

1.
CHAISE
CHAIR
1990
acier oxycoupé et ciré
torch-cut steel and wax
94,5 x 40 x 40 cm
37.5 x 16 x 16 in

5.
CHAISE
CHAIR
1990
acier oxycoupé et ciré
torch-cut steel and wax
74 x 36,5 x 36,5 cm
29 x 14.5 x 14.5 in

2.
CHAISE
CHAIR
1990
acier oxycoupé et ciré
torch-cut steel and wax
84 x 32 x 43,5 cm
33.5 x 13 x 17 in

6.
CHAISE
CHAIR
1990
acier oxycoupé et ciré
torch-cut steel and wax
84 x 43,5 x 43,5 cm
33 x 17 x 17 in

3.
CHAISE
CHAIR
1990
acier oxycoupé et ciré
torch-cut steel and wax
84 x 40 x 40 cm
33.5 x 16 x 16 in

7.
CHAISE
CHAIR
1969
acier ciré et cuir
waxed steel and leather
103 x 42 x 42 cm
40.5 x 16.5 x 16.5 in

4.
CHAISE
CHAIR
1990
acier oxycoupé et ciré
torch-cut steel and wax
74 x 36,5 x 36,5 cm
29.25 x 14.5 x 14.5 in

8.
CHAISE DE LA CHAPELLE
CHAPEL CHAIR
1998
acier oxycoupé et ciré
torch-cut steel and wax
84 x 40 x 40 cm
33.5 x 16 x 16 in

9.
TABLE
TABLE
1990
acier oxycoupé et ciré
torch-cut steel and wax
76 x 170 cm de diamètre
30 x 67 in diameter

13.
TABLE
TABLE
1998
acier oxycoupé et ciré
torch-cut steel and wax
74 x 123 x 280 cm
29 x 48.5 x 110.25 in

10.
TABLE AVEC UN PLATEAU
SURFACE INDÉTERMINÉE
TABLE WITH
INDETERMINATE TOP
1995
acier oxycoupé et ciré
torch-cut steel and wax
78 x 255 x 146 cm
30.75 x 100.5 x 57.5 in

14.
TABLE EN CROIX
TABLE IN THE SHAPE
OF A CROSS
1990
acier oxycoupé et ciré
torch-cut steel and wax
70 x 180 x 180 cm
27.5 x 70.75 x 70.75 in

11.
GRANDE TABLE RONDE
(CREUSE AU MILIEU)
LARGE CIRCLE TABLE
(HOLLOW IN THE MIDDLE)
1990
acier oxycoupé et ciré
torch-cut steel and wax
75 x 250 cm de diamètre
29.5 x 98.5 in diameter

15.
GRAND BUREAU
LARGE DESK
1995
acier oxycoupé et ciré
torch-cut steel and wax
74 x 77,5 x 250 cm
29.25 x 30.5 x 98.5 in

12.
TABLE EN BOIS
WOODEN TABLE
1998
peuplier et érable
poplar and maple
74 x 123 x 280 cm
29 x 48.5 x 110.25 in

16.
SECRÉTAIRE
SECRETAIRE
1990
acier oxycoupé et ciré
torch-cut steel and wax
74 x 110 x 70 cm
29.25 x 43.25 x 27.5 in

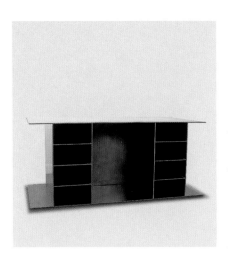

17.
BUREAU
DESK
1990
acier ciré
steel and wax
petit / *small* :
72 x 85 x 160 cm
28.5 x 33.5 x 63 in
grand / *large* :
72 x 85 x 180 cm
28.5 x 34 x 71 in

21.
TABLE
TABLE
1990
acier oxycoupé et ciré
torch-cut steel and wax
43 x 39,5 x 39,5 cm
17 x 15.5 x 15.5 in

18.
BUREAU
DESK
1990
acier ciré
steel and wax
petit / *small* :
72 x 85 x 160 cm
28.5 x 33.5 x 63 in
grand / *large* :
72 x 85 x 180 cm
28.5 x 34 x 71 in

22.
TABLE
TABLE
1990
acier oxycoupé et ciré
torch-cut steel and wax
70 x 65 x 65 cm
27.5 x 26 x 26 in

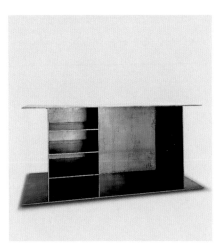

19.
CONSOLE
CONSOLE
1990
acier oxycoupé et ciré
torch-cut steel and wax
85 x 85 x 33 cm
33.5 x 33.5 x 13 in

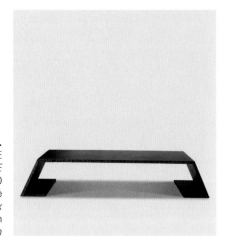

23.
TABLE BASSE
LOW TABLE
2000
acier ciré
steel and wax
27 x 40 x 144 cm
11 x 16 x 57.5 in

20.
CONSOLE
CONSOLE
2000
acier ciré
steel and wax
85 x 33 x 135 cm
34 x 13 x 54 in

24.
TABLE BASSE
LOW TABLE
2000
acier ciré
steel and wax
36 x 54 x 174 cm
14.5 x 21.5 x 70 in

25.
TABLE BASSE
LOW TABLE
1969
acier ciré
steel and wax
27 x 80 x 160 cm
10.5 x 31.5 x 63 in

29.
BANCS
BENCHES
1998
acier oxycoupé et ciré
torch-cut steel and wax
35 x 180 x 45 cm chacun
13.75 x 15 x 71 in each

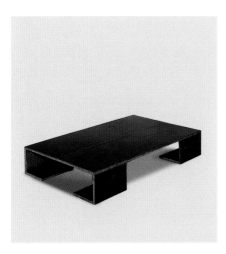

26.
TABLE BASSE
LOW TABLE
1999
acier oxycoupé et ciré
torch-cut steel and wax
25 x 90 x 165 cm
10 x 36 x 66 in

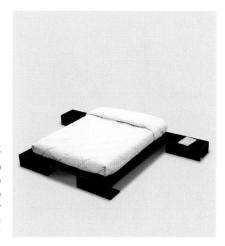

30.
LIT
BED
1999
acier oxycoupé et ciré
torch-cut steel and wax
22 x 220 x 332 cm
8.5 x 85.5 x 130.75 in

27.
TABOURET
STOOL
1999
acier oxycoupé et ciré
torch-cut steel and wax
21 x 60 x 75 cm
8.25 x 24 x 30 in

31.
DIVAN
COUCH
1968-1991
acier ciré
waxed steel
dimensions variables
variable dimensions

28.
TABOURET
STOOL
1969-1990
acier ciré
steel and wax
38 x 40 x 40 cm
15 x 16 x 16 in

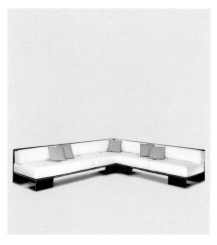

32.
DIVAN DIANE
COUCH DIANE
1999
acier oxycoupé et ciré
torch-cut steel and wax
67 x 325 x 275 cm
27 x 130 x 110 in

33.
BIBLIOTHÈQUE
BOOKCASE
1990
acier ciré
steel and wax
dimensions variables
variable dimensions

37.
MIROIR
MIRROR
1990
acier ciré
steel and wax
72 x 70 x 9 cm
28.25 x 27.5 x 3.5 in

34.
ÉTAGÈRES
SHELVES
1999
acier oxycoupé et ciré
torch-cut steel and wax
250 x 100 x 65 cm
98.5 x 39.5 x 25.5 in

38.
TABLE ET DEUX BANCS
TABLE AND TWO BENCHES
1997
acier oxycoupé et ciré
torch-cut steel and wax
76 x 400 x 140 cm
30.5 x 160 x 56 in

35.
PUPITRE
LECTERN
1998
acier ciré
steel and wax
120 x 35 x 40 cm
48 x 14 x 16 in

39.
TABLE ET DEUX BANCS
TABLE AND TWO BENCHES
1998
bois
wood
82 x 280 x 230 cm
33 x 112 x 92 in

36.
BOÎTE SE CONTENANT
BOX CONTAINING ITSELF
1990
acier oxycoupé et ciré
torch-cut steel and wax
16 x 11 x 26 cm
6.5 x 4.5 x 10.5 in

40.
BANQUETTE
BANQUETTE
1998
béton
concrete
66 x 175 x 450 cm
26 x 69 x 177 in

41.
BOUGEOIR
CANDLESTICK
1990
acier oxycoupé et ciré
torch-cut steel and wax
10 x 10 x 6,5 cm
4 x 4 x 2.5 in

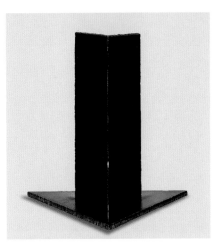

45.
LAMPE
LIGHT
1998
acier oxycoupé et ciré
torch-cut steel and wax
42 x 30 x 42 cm
16.5 x 12 x 16.5 in

42.
TORCHÈRE
TORCHERE
1996
acier oxycoupé et ciré
torch-cut steel and wax
180 x 9 x 24 cm
71 x 3.5 x 9.5 in

46.
HUIT LUMINAIRES
EIGHT STANDARD LAMPS
1999
acier oxycoupé et ciré
torch-cut steel and wax
200 x 11 x 2,5 cm
80 x 4.5 x 1 in

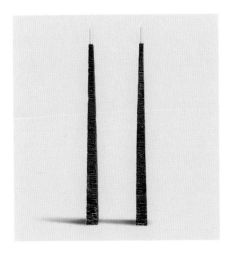

43.
TRÈS GRANDS BOUGEOIRS
HIGH CANDLESTICKS
1993
acier oxycoupé et ciré
torch-cut steel and wax
148 x 9,5 x 9,5 cm
58.25 x 3.75 x 3.75 in

47.
VASE
VASE
1998
acier ciré et verre
steel and glass
30,5 x 24 x 11 cm
12 x 9.5 x 4.5 in

44.
BOUGEOIRS
CANDLESTICKS
1990
acier oxycoupé et ciré
torch-cut steel and wax
37,5 x 9,5 x 9,5 cm
14.25 x 3.75 x 3.75 in

48.
VASE
VASE
1998
acier oxycoupé et ciré, verre
torch-cut steel and wax, glass
31,5 x 20,5 x 20,5 cm
12.5 x 8 x 8 in

Biographie

1941 Bernar Venet est né le 20 avril à Château-Arnoux-Saint-Auban dans les Alpes de Haute-Provence. Son père, Jean-Marie Venet, instituteur et chimiste, meurt à l'âge de quarante-trois ans, laissant à sa veuve, Adeline Gilly, la charge de ses quatre fils, dont Bernar est le benjamin. **1947-1957** Scolarité dans son village natal perturbée par des cures pour soigner un asthme chronique. Dès l'âge de dix ans, il commence à manifester un grand intérêt pour la peinture qu'il pratique assidûment. Bernar Venet n'a que onze ans lorsqu'il est invité à participer au Salon de peinture Péchiney à Paris. À quatorze ans, grâce à sa mère qui l'encourage et lui offre de nombreux livres d'art, il découvre les grands maîtres modernes dont il va immédiatement subir l'influence. **1958** À dix-sept ans, Bernar Venet part pour Nice où il est refusé au concours d'entrée des Arts décoratifs. Il suit une année de cours de dessin et de peinture à l'école municipale d'art de la Villa Thiole. Surpris par le directeur en train de défendre Picasso aux yeux des autres élèves, il est exclu pour une semaine de l'établissement. **1959** À l'automne, il est engagé comme décorateur à l'Opéra de Nice où il reste un an. Réalise une série de peintures qu'il qualifie à ce moment-là de "symboliques". **1961** En février, il part pour l'armée où il restera vingt-deux mois. Durant la première partie de son séjour militaire, il est affecté au centre de sélection de Tarascon. Un grenier mis à sa disposition lui sert d'atelier, et c'est alors qu'il réalise ses premières peintures au goudron – d'abord gestuelles, peintes au sol, spontanément, très rapidement avec ses pieds. Ces œuvres sont pour Bernar Venet les premiers exemples de travaux qui laissent intervenir les principes de hasard et de gravité. Rapidement, le goudron recouvre entièrement la surface du tableau : point de départ des monochromes qu'il développera ultérieurement. Début de son activité photographique. En novembre 1962, retour en France après dix mois passés en Algérie. **1963** Bernar Venet s'installe 18, rue Pairolière dans le vieux Nice. Il décide de se consacrer uniquement à l'art et développe ses peintures au goudron. Photographies de détails de bitumes. Première sculpture TAS DE CHARBON, sans forme spécifique. Il cherche à trouver des équivalences sonores et filmées de son travail plastique (enregistrement de GRAVIER-GOUDRON et réalisation d'un court film, ASPHALTE). À l'automne, il commence la série des reliefs en carton (PEINTURES INDUSTRIELLES). Rencontre Arman, ainsi que les Nouveaux Réalistes à Paris (César, Hains, Villeglé). **1964** Participe au salon Comparaisons au musée d'Art moderne de la Ville de Paris, dans la salle des Nouveaux Réalistes et du pop art, malgré la nature volontairement divergente de ses reliefs en carton. **1966** Premier séjour à New York en avril et mai. Sculptures TUBES et DESSINS INDUSTRIELS de tubes dont le premier est présenté au Musée de Céret à l'exposition *Impact 1,* en juillet. Bernar Venet découvre l'intérêt des plans, dessins industriels et diagrammes mathématiques et réalise ainsi ses premières œuvres monosémiques. Projet de ballet dansé sur un plan vertical. Décembre : retour à New York où il s'installe de manière permanente. Habite dans le studio d'Arman, 84, Walker Street, ancien atelier de Tinguely, à côté de ceux de Chamberlain et de Stella. **1967** Développe son travail conceptuel. Habite au Chelsea Hotel. Rencontre des artistes de l'art minimal par l'intermédiaire de la Dwan Gallery. Il se rend fréquemment au département de mathématiques et de physique de Columbia University et se lie d'amitié avec deux chercheurs, Jack Ullman et Martin Krieger. Il réalise des œuvres "non visuelles" sur bandes magnétiques (dans le but d'insister sur le contenu et non pas sur les caractéristiques visuelles). **1968** Réalise une performance au Judson Church Theater à New York, avec des scientifiques de Columbia University. Premières expositions de ses œuvres conceptuelles, notamment à *Prospect 1968,* avec la galerie Wide White Space, à la Kunsthalle de Düsseldorf. Acquisition par le Museum of Modern Art de New York d'une de ses œuvres. Dessine et réalise des meubles en acier. Participe à l'exposition *Conception Konzeption* de Leverkusen en Allemagne. S'installe dans un loft à SoHo sur Broadway. Rencontre Ella Bogval, qu'il épouse en 1971 et dont il se séparera en 1982. **1969-1970** Fréquents allers-retours entre l'Europe et les États-Unis. Voyage au Japon. Conférences. Bernar Venet décide pour des raisons théoriques de cesser sa production artistique. Rétrospective au musée Haus Lange de Krefeld en Allemagne. **1971** Rétrospective au New York

Cultural Center à New York. Publication du catalogue raisonné de l'œuvre conceptuelle à cette occasion. Naissance de ses fils Stéphane et Alexandre. **1972** Retour à Paris. Période de réflexion. Bernar Venet écrit des textes sur l'art conceptuel et sur son propre travail ; il souhaite, pour remédier aux commentaires qu'il juge incorrects, expliquer et préciser lui-même la nature spécifique de sa démarche. **1974-1975** Enseigne à la Sorbonne. Nombreuses conférences en France, Italie, Pologne, Angleterre et Belgique. Publication en France (Éditions du Chêne) et en Italie (Edizioni Prearo) d'une monographie par Catherine Millet. Jean-Pierre Mirouze réalise un film sur Bernar Venet : ŒUVRE TERMINÉE, ŒUVRE INTERMINABLE. Exposition de son œuvre conceptuelle à l'Institute of Contemporary Art à Londres. Représente la France avec Gottfried Honegger et François Morellet à la XIIIᵉ biennale de São Paulo. **1976** Septembre : retour à New York et déménagement sur West Broadway. Malgré sa décision prise en 1969-1970, une nécessité impérieuse s'impose à Bernar Venet de reprendre sa production artistique. Premières toiles de la série des ANGLES et des ARCS. Rétrospective de ses œuvres conceptuelles au Museum of Contemporary Art de La Jolla, Californie. **1977** Bernar Venet participe à Documenta VI de Cassel. Exposition d'œuvres récentes au musée d'Art et d'Industrie de Saint-Étienne. **1978** Participe à l'exposition *From Nature to Art, From Art to Nature* à la biennale de Venise. **1979** Reliefs en bois : ANGLES, ARCS, DIAGONALES et première LIGNE INDÉTERMINÉE. Commence à réaliser en acier ses sculptures composées de deux arcs ; c'est à ce moment-là qu'il a l'idée d'un arc monumental sur une autoroute. Sculptures d'angles qui seront plus tard exposées au musée d'Épinal avec les ARCS et une DIAGONALE. Reçoit la bourse américaine National Endowment of the Arts. Développe la série des reliefs en bois LIGNES INDÉTERMINÉES. **1982** Bernar Venet s'installe dans un nouveau loft sur Canal Street face au fleuve Hudson. **1983** Seth Schneidman réalise à New York un film : BERNAR VENET 1983. Premières maquettes de sculptures LIGNES INDÉTERMINÉES réalisées en aluminium. Projets de sculptures monumentales. **1984** Novembre : commence à travailler avec les ateliers Marioni dans les Vosges pour réaliser ses œuvres. Première exposition des sculptures LIGNES INDÉTERMINÉES (sol/ mur) à la galerie Daniel Templon à Paris. Commande par le ministère de la Culture et la Société des autoroutes Paris-Rhin-Rhône d'une sculpture monumentale pour l'autoroute A6.

Premiers plans et photomontages de L'ARC MAJEUR DE 185,4°. **1985** Rencontre Diane Segard, qu'il épousera en 1996. **1986** Commandes publiques à Épinal, Nice et Austin, Texas réalisées par l'entreprise François Labbé à Nice. **1987** Le ministère des Affaires étrangères et Air France offrent à la ville de Berlin, à l'occasion de son 750ᵉ anniversaire, une sculpture monumentale, ARC DE 124,5°. **1988** Jean-Louis Martinoty invite Bernar Venet à réaliser à l'Opéra de Paris (salle Favart) son ballet GRADUATIONS, conçu en 1966. L'artiste est l'auteur de la musique, de la chorégraphie, des décors et des costumes. Commande par l'EPAD d'une grande sculpture, DEUX LIGNES INDÉTERMINÉES, à La Défense, Paris. Publication d'une importante monographie par Jan Van der Marck (VENET, Éditions de la Différence). Installations à Nice, jardin Albert Iᵉʳ, d'ARC DE 115,5°, offert par un groupe de mécènes niçois. Exposition de photographies de Bernar Venet (1961-1988) à la galerie Michèle Chomette, Paris. Reçoit aux États-Unis le Design Award pour sa sculpture à Norfolk, Virginie. **1989** Dessine une série de nouveaux projets pour des reliefs en acier, POSSIBILITY OF INDETERMINACY. Performance à la galerie Templon, LIGNE À VIF, qui donne lieu à la publication d'un catalogue préfacé par Jean-Louis Schefer. Reçoit le grand prix des Arts de la Ville de Paris. Participe à l'exposition *L'Art conceptuel, une perspective* au musée d'Art moderne de la Ville de Paris. Acquisition au Muy, dans le Var, d'une usine désaffectée où il installe ses œuvres et sa collection. Il y habite et y travaille durant les mois d'été. **1990** Inauguration place de Bordeaux, à Strasbourg, d'une grande sculpture LIGNE INDÉTERMINÉE. Exposition des meubles en acier à la galerie Mostra à Paris et l'année suivante à la galerie Eric van de Weghe à Bruxelles. Premières installations de COMBINAISONS ALÉATOIRES DE LIGNES INDÉTERMINÉES. **1991** Plusieurs compositions musicales, dont SON ET RÉSONANCE au Studio Miraval dans le Var. Parution de deux disques, chez Circé-Paris, GRAVIER-GOUDRON, de 1963, et ACIER ROULÉ E-24-2, de 1990. Réalise une série de nouveaux meubles en acier épais et oxycoupés. Publication d'un ouvrage sur ses photographies, NOIR-NOIR ET NOIR avec un texte de Jean-Louis Schefer (Éditions Marval). Réalisation du ROCHER DES TROIS CROIX (Hommage conjugué à Giotto, à Grünewald et au Greco) à Roquebrune-sur-Argens dans le Var. Début du tournage du film BERNAR VENET : LIGNES par Thierry Spitzer. **1992** Bernar Venet enregistre les moteurs du Concorde à l'aéroport Charles-de-Gaulle pour la composition musicale MUR DU SON, retravaillée à l'Ircam et éditée sur disque par Circé-Paris. Réalise un film, ACIER ROULÉ XC-10, dans les ateliers Marioni-Vosges. Voyage au Japon et inauguration d'une sculpture dans le quartier d'Adachi-ku à Tokyo. Participe à l'exposition *Manifeste* au centre Georges-Pompidou à Paris. Commence la série des reliefs composés de flèches, DIRECTIONS ARBITRAIRES ET SIMULTANÉES. **1993** Invité au festival de films d'artistes à Montréal pour son film ACIER ROULÉ XC-10. Exposition rétrospective au musée d'Art moderne et contemporain de Nice, qui sera ensuite présentée au Wilhelm Hack Museum à Ludwigshafen. **1994** En mars, il présente une rétrospective de son travail au Museo de Arte Moderno de Bogotá en Colombie. De mai à juillet, Jacques Chirac, maire de Paris, l'invite à présenter douze sculptures LIGNES INDÉTERMINÉES sur le Champ-de-Mars. Pendant l'automne, il expose au Total Museum of Contemporary Art à Séoul, puis aux États-Unis, à Boca Raton, au musée d'Art contemporain. Travaille sur les premières sculptures BARRES DROITES. Monographie BERNAR VENET par Carter Ratcliff (Abbeville Press, New York/Cercle d'Art, Paris). **1995** Au printemps, il voyage à San Francisco pour l'inauguration de sa sculpture monumentale INDETERMINATE LINE, au Runnymeade Sculpture Farm. En mai, il inaugure à Kowloon à Hong Kong, au musée d'Art moderne, la première exposition de la tournée mondiale des œuvres présentées en 1994 au Champ-de-Mars. En juin, il sera le premier artiste à inaugurer le tout nouveau musée d'Art de Shanghai. Séjour à Graphicstudio (Tampa, Floride) pour une édition de grands monoprints réalisés avec du goudron et un rouleau compresseur. Il développe ses nouveaux travaux sur le thème de la ligne droite, ACCIDENTS. Nouveaux reliefs en acier oxycoupé, SURFACES INDÉTERMINÉES. Début de collaboration avec la galerie Karsten Greve qui présente une exposition personnelle de son travail à la Fiac à Paris. **1996** Invité comme Master in Residence à l'Atlantic Center for the Arts, en Floride. Promu au grade de commandeur dans l'ordre des Arts et Lettres par le ministre de la Culture. Thierry Spitzer filme une installation d'ACCIDENT. Ses nouveaux travaux composés de lignes droites sont aussitôt exposés à la galerie Karsten Greve à Paris, puis à l'espace Fortant de France à Sète. De mai à juillet, la Ville de Bruxelles l'invite à exposer dix grandes sculptures LIGNES INDÉTERMINÉES sur l'avenue Franklin-Roosevelt. **1997** Déménage dans un atelier à Chelsea, New York. Débute une nouvelle série de sculptures titrées QUATRE et CINQ ARCS. Présente un projet de musée dans le cadre d'une exposition au musée d'Art concret de Mouans-Sartoux, France. Devient membre de l'académie européenne des Sciences et des Arts de Salzburg en Autriche. **1998** Voyage en Chine pour répondre à l'invitation du maire de Shanghai à participer au Shanghai International Sculpture Symposium. Réalise des sculptures QUATRE ARCS et développe des SURFACES INDÉTERMINÉES durant l'été dans son atelier du Muy. **1999** La troisième et dernière version du film TARMACADAM (1963) est réalisée grâce à l'aide de Arkadin Productions, à l'occasion de l'exposition *Bernar Venet 1961-1963* au musée d'Art moderne et contemporain de Genève. Publication d'un recueil de poésies, APOÉTIQUES 1967/1998, édité par le MAMCO de Genève. Sortie d'une monographie sur les travaux de 1961-1970 par Robert Morgan (Éditions Les Cahiers Intempestifs). Mise en place d'une pièce dans la ville de Cologne, Allemagne, à l'occasion du sommet du G8. Commande publique d'une pièce par les Villes de Bergen en Norvège et de Genève en Suisse. **2000** Travaille sur une nouvelle série de *wall paintings,* ÉQUATIONS MAJEURES, exposées au Brésil au musée d'Art moderne de Rio de Janeiro, à Brasilia et à Sao Paulo. Les ÉQUATIONS MAJEURES sont aussi montrées au centre d'Art contemporain Georges-Pompidou de Cajarc (faisant l'objet d'un catalogue, *Sursaturation*), ainsi qu'au MAMCO de Genève, lequel édite aussi LA CONVERSATION DU REGARD, une série de textes et d'interviews de 1975 à 2000. Sortie de la monographie BERNAR VENET, SCULPTURES ET RELIEFS de Arnault Pierre à Milan (Éditions Prearo). **2001** Exposition d'œuvres récentes, ÉQUATIONS MAJEURES, sur toile, à la galerie Jérôme de Noirmont, Paris. Inauguration de la chapelle Saint-Jean à Château-Arnoux ; les vitraux et l'ensemble du mobilier ont été dessinés par Bernar Venet. Exposition personnelle du mobilier par la galerie Rabouan-Moussion au Sm'art (Salon du mobilier et de l'objet design) au Carrousel du Louvre à Paris.

Biography

1941 Born on April 20 at Château-Arnoux-Saint-Auban in the Alpes of Haute-Provence. His father, Jean-Marie Venet, a schoolteacher and chemist, dies at the age of 43, leaving his widow Adeline Gilly in charge of their four sons, of whom Bernar is the youngest. **1947–1957** School at Château-Arnoux-Saint-Auban. As a boy, Bernar Venet suffers from asthma, and is forced to spend long intervals at spas and an sanatorium at Saint-Raphaël. During this time he is involved with religion, and aspires to become a missionary. With the encouragement of a local artist, he begins drawing and painting and is doing so extensively by the age of ten. At age eleven, Bernar is invited to exhibit in the Salon de Peinture Péchiney in Paris. **1958** Fails the entrance exams for the Decorative Arts School in Nice. Studies for one year at the municipal art school in Nice, the Villa Thiole. While defending Picasso's work to fellow students, he shocks the Director, and is suspended for a week. **1959** Works as a stage designer for the Nice City Opera. Period of highly stylized paintings described by himself as "symbolic." **1961** In February, he joins the army and serves for 22 months. Initially he is assigned to the army reception center in Tarascon. There, an attic is put at his disposal, which he converts into a studio. Venet's paintings are gestural and executed with his feet, but develop into black monochromes made of tar. In some cases, he works a surface without leaving trace of his action. The blank surface nevertheless becomes a work. He calls these "fetishist works." **1963** Returns to Nice; establishes a studio in the old quarter on rue Pairolière. Further development of the tar paintings and detailed photographs of gravel and coal piles. Other experimental photographic works. His first sculpture, COAL PILE has no specific dimensions; the work is characterized by extremely restrained means. Toward the end of the year he does his first cardboard reliefs that he describes as "industrial paintings." Becomes friendly with Arman as well as with some New Realists in Paris (César, Hains, Villéglé), who offer to share exhibitions with him. **1964** Venet participates in the Salon Comparaisons at the Museum of Modern Art, Paris. He exhibits alongside the New Realist and Pop artists, despite the intentionally divergent nature of his cardboard reliefs. **1966** Invited to participate in the *Impact 1*, exhibition at the Céret Museum, France; sends a blueprint for a tube. Becomes aware of the objective aspect of blueprints, and their semantic characteristics. Sets to work intently on diagrams, thus creating his first mono-semiotic works. Creates a ballet to be danced on a vertical plane. In December, Venet decides to permanently settle in New York City. Initially lives in Arman's studio, 84 Walker Street, formerly Tinguely's studio. **1967** Resides at the Chelsea Hotel. His conceptual work develops along logical lines. Meets minimalist artists through the Dwan Gallery. Frequents the mathematics and physics departments at Columbia University and befriends two researchers, Jack Ullman and Martin Krieger. He produces the "non visual" works on magnetic tape. His focus is on content, not the visual characteristics of artworks. Sets up a four-year program, intending to stop all artistic production at its completion. **1968** Settles into a loft in SoHo, New York. Collaborates with scientists from Columbia University to stage a performance at the Judson Church Theatre in Greenwich Village. The work is first exhibited in the U.S.A. and Europe. Two conceptual exhibitions at the Wide White Space Gallery at the Düsseldorf Kunsthalle, along with Beuys and Broodthaers. Works are bought by the Krefeld Museum, who offer to stage his first museum exhibition. The Museum of Modern Art, New York, acquires a major piece. Meets Daniel Templon, who becomes his dealer in Paris at his gallery on rue Bonaparte. Participates in the exhibition *Conception Konzeption* in Leverkusen, Germany. Moves to a loft on Broadway in SoHo. Meets Ella Bogval whom he marries in 1971. They separate in 1982. **1969–1970** Frequently travels and lectures throughout Europe, the U.S., and Japan. Decides for theoretical reasons to cease his artistic activities. Retrospective at the Krefeld Museum, Germany. **1971** Retrospective at the New York Cultural Center, New York. Publication of the *Catalogue raisonné* of his conceptual work for this occasion. Birth of his sons Stéphane and Alexandre. **1972–1973** Returns to Paris for a period of reflection: writes about conceptual art and his own work to correct commentary that he judges to be erroneous, and to elucidate and detail the specific nature and originality of his efforts. **1974** Teaches Art and Art Theory at the Sorbonne, Paris. Frequently lectures in France, England, Italy, Poland and Belgium. Monograph by Catherine Millet published by Editions du Chêne, France and Edizioni Prearo, Italy. Film produced by Jean-Pierre Mirouze on Bernar Venet, ŒUVRE TERMINÉE, ŒUVRE INTERMINABLE. Exhibit of his conceptual works at the Institute of Contemporary Art, London. Represents France a the 13th São Paulo Biennale, Brazil, with Gottfried Honegger and François Morellet. **1976** Returns to New York in September. Moves to West Broadway and again becomes compelled to produce art. The first canvases from the series ANGLES and ARCS are a group of extremely restrained paintings of elementary geometrical figures. Retrospective of his conceptual works at La Jolla Museum of Contemporary Art, La Jolla, California. **1977** Exhibits at Dokumenta VI, Kassel, Germany. Exhibition of recent work at the Musée d'Art Moderne in Saint-Etienne, France. **1978** Participates in the exhibit *From Nature to Art. From Art to Nature,* at the Venice Biennale, Italy. Canvases: CHORDS SUBTENDING ARCS. **1979** Begins the series of wood reliefs ARCS, ANGLES, DIAGONALS, and creates the first INDETERMINATE LINE. Starts work on steel sculptures composed of two arcs, concept for a monumental arc on a highway. Receives a grant from the National Endowment of the Arts. Develops the series of wood reliefs IN-DETERMINATE LINES. **1982** Moves to a loft on Canal Street, across from the Hudson River. **1983** First maquettes for steel sculptures of INDETERMINATE LINES. Seth Schneidman produces the film BERNAR VENET 1983 in New York. Projects for monumental sculptures. **1984** November: starts creating his sculptures at Atelier Marioni, a foundry in the Vosges region of France. First exhibition of INDETERMINATE LINES, (floor/wall) sculptures at Galerie Templon, Paris. The Ministry of Culture and the Paris Rhin-Rhône Highway Company commission a monumental Venet for the A6 Autoroute. First plans and photocollages for THE MAJOR 185.4° ARC. **1985** Meets Diane Segard, whom he marries in 1996. **1986** Public commissions in Epinal, France; Nice, France; Austin, Texas; and Norfolk, Virginia. These works are fabricated at François Labbé's foundry in Nice. **1987** For the 750th anniversary of Berlin, the French Ministry of Foreign Affairs and Air France, present the city with ARC OF 124.5° measuring 70 x 140 feet. **1988** Jean-

Louis Martinoty asks Bernar Venet to stage his ballet GRADUATIONS (conceived in 1966), at the Paris Opéra—the artist is the composer, choreographer, set and costume designer. Receives the Design Award for his sculpture in Norfolk, Virginia. Exhibition of photographs (1961–1988) at Galerie Michèle Chomette, Paris. The EPAD commissions the monumental TWO INDETERMINATE LINES for the new La Défense business center on the edge of Paris. Installation of ARC OF 115.5° for Telic-Alcatel, Strasbourg. Publication of a substantial monograph VENET, by Jan van der Marck; Editions de la Différence, Paris. **1989** Awarded the Grand Prix des Arts de la Ville de Paris. A series of new projects for steel reliefs called POSSIBILITY OF INDETERMINACY. Performance: LA LIGNE À VIF, on November 23, at Galerie Templon, Paris. Installs TWO ARCS OF 197.5° in Belley, France. Acquisition of Le Muy, in the Var region, a factory where he installs his work and collection. He lives and works there in the summer months. **1990** Inauguration of the monumental sculpture INDETERMINATE LINE at Place de Bordeaux, Strasbourg, France. First furniture exhibition at Galerie Mostra, Paris, and then Galerie Eric Van de Weghe in Brussels. Creates first maquettes and large-scale versions of RANDOM COMBINATIONS OF INDETERMINATE LINES. **1991** Creates several musical compositions including SOUND AND RESONANCE at the Studio Miraval, Var, France. Release of two CDs on the Circé-Paris label, GRAVIER-GOUDRON, 1963, and ACIER ROULÉ E 24-2, 1990. Executes a series of new, heavy torch-cut steel furniture. NOIR/NOIR ET NOIR, a book on Bernar Venet's photographic work from 1961 to 1991, is published by Editions Marval, Paris. Text by Jean-Louis Schefer. Completes LE ROCHER DES TROIS CROIX (joint homage to Giotto, Grünewald and El Greco) installed atop the mountain Roquebrune-sur-Argens in the Var region of France. Filming begins for BERNAR VENET: LINES. **1992** Records the sounds of the Air France Concorde engine, for the musical composition WALL OF SOUND. He shoots the film ROLLED STEEL XC-10 at the Marioni Vosges atelier. Travels to Japan for the inauguration of a sculpture at Adachi-ku, Tokyo. Starts a series of steel reliefs composed of arrows, ARBITRARY AND SIMULTANEOUS DIRECTIONS. **1993** Invited to participate in the artists' film festival in Montreal for his film ROLLED STEEL XC-10. **1994** In March, presents a retrospective of his work at the Museo de Arte Moderno, Bogotá, Colombia. From May through July, M. Jacques Chirac, then the Mayor of

Paris, invites Venet to present 12 sculptures from his INDETERMINATE LINES series on the Champ de Mars. Works on the first sculptures BARRES DROITES. Publication of the monograph BERNAR VENET, text by Carter Ratcliff, Abbeville Press, New York; Cercle d'Art, Paris. **1995** In the spring, travels to San Francisco for the inauguration of his monumental sculpture INDETERMINATE LINE, at the Runnymeade Sculpture Farm. In May, has the inaugural exhibition in Kowloon, Hong Kong, at the Museum of Modern Art, the first stop of a world tour of his works presented in 1994 at Champ de Mars. In June, he is the first artist to inaugurate the new Museum of Art in Shanghai. A sojourn to Graphicstudio (Tampa, Florida) for an edition of large monoprints created with tar and a steam roller. Develops his new work on the theme of the straight line, ACCIDENT PIECES. New reliefs executed in steel with an acetylene torch, INDETERMINATE AREA. **1996** Invited as a Master in Residence at the Atlantic Center for the Arts, in Florida. Is awarded the honor of Commandeur dans l'ordre des Arts et Lettres by the Minister of Culture in France. Thierry Spitzer films an installation of ACCIDENT—the new works composed of straight lines, which are also exhibited at the Galerie Karsten Greve in Paris, and at the Espace Fortant de France at Sète. From May through July, the city of Brussels invites Venet to exhibit ten large sculptures from the INDETERMINATE LINES series on Avenue Franklin Roosevelt. **1997** Moves to a new studio in Chelsea, New York City. Begins a news series of sculptures titled FOUR ARCS and FIVE ARCS. Designs a museum complex for an exhibition at Musée d'Art Concret, in Mouans-Sartoux, France. Becomes a Mem- ber of the European Academy of Sciences and Arts in Salzburg, Austria. **1998** Travels to China. Is invited by the Mayor of Shanghai to participate in the Shanghai Inter-national Sculpture Symposium. Executes large scale FOUR ARCS sculptures, and intensively develops INDETERMINATE AREA reliefs during the summer in Le Muy. **1999** The third and definitive version of the film TARMACADAM (1963) is finished with the help of Arkadin Pro- ductions for the exhibition BERNAR VENET (1961–1963) at the Musée d'Art Moderne et Contemporain, Geneva. Installation of a public sculpture in Cologne, Germany, in honor of the G-8 Summit. Publication of his poetry APOETIQUES 1967-1998, by the MAMCO, Geneva. Les Editions Les Cahiers Intempestifs publish a monograph of the early work (1961–1970), by Robert Morgan. Installation of a sculpture at Uni

Mail, Geneva, Switzerland. Public commissions in Geneva and Bergen. **2000** Develops a new series of wall paintings called MAJOR EQUATIONS, which are exhibited at the Museum of Modern Art in Rio de Janeiro, Brasília and Saõ Paulo, and at the Centre of Contemporary Art Georges Pompidou, in Cajarc, as well as MAMCO in Geneva. Public commission for the City of Bergen, Norway. A year of important publications: BERNAR VENET 1961-1970 (Cahiers Intempestifs) a monograph about the young artist by Robert Morgan; SURSATURATION (Centre d'Art Contemporain Georges-Pompidou de Cajarc); an original work of his reflections on the possibilities of literature; BERNAR VENET, SCULPTURES AND RELIEFS (Editions Prearo, Milan), written by Arnauld Pierre; LA CONVERSATION DU REGARD (MAMCO, Geneva), texts and interviews from 1975–2000; and GLOBAL DIAGONALS, a catalogue concerning a humanistic, artistic and technological project with straight lines (300 feet each) virtually connecting the five continents. **2001** Exhibition of the new paintings on canvas at the Gallery Jérôme de Noirmont, Paris. Inauguration of the Chapelle Saint-Jean in Chateau-Arnoux, where the stained glass windows and all the furniture is designed by Bernar Venet. The furniture is exhibited at SM'ART (Salon du mobilier et de l'objet design) at the Carrousel du Louvre with the Gallery Rabouan Moussion.

Hommage à l'acier / Dédié à Usinor
Homage to steel / Dedicated to Usinor
B. Venet

DISTRIBUTEUR / DISTRIBUTOR
Galerie Rabouan-Moussion, Paris (rabouan@noos.fr)

CRÉDITS PHOTO / PHOTO CREDITS
François Fernandez, Nice, à l'exception de / except :
Jean-Marie Del Moral, Paris : p. 120-121
Jacques Dirand, Paris : p. 26-27, 30-31, 42-43
David Reynolds, New York : p. 24-25
Jean-Pierre Trebosc, Figeac : p. 39, 78-79
Bernar Venet Archives, New York : p. 80-81, 95, 98-99, 106-107

REMERCIEMENTS / ACKNOWLEDGEMENTS
Bernar Venet et l'éditeur tiennent à adresser leurs plus vifs remerciements à M. Philippe Rabouan et à la galerie Rabouan-Moussion. / Bernar Venet and the publisher would like to thank M. Philippe Rabouan and the Galerie Rabouan-Moussion.
Ils remercient également / They also thank : M. Pierre Bourrier, Paris; M. Jean-Guy Carrat, Saint-Étienne; M. & Mme Charles Doux, Paris; M. & Mme Didier Guichard, Ramatuelle; Mme Henriette Joël, Paris; M. Joseph Kiraly, Budapest; M. François Labadens, Paris; M. Michaël & Henri Lachet, Paris; M. & Mme Jean-Claude Maillard, Figeac; Mme Aviva Shapiro, New York; M. & Mme Lazlo Szalaï, Le Muy; M. & Mme Bernard Teillaud, Les Arcs-sur-Argens; M. & Mme Wolfgang Titze, Paris; M. & Mme Francis Venet, Château-Arnoux; M. François Wildenberg, Contréxeville; M. Jean-Michel Wilmotte, Paris; Les Amis de la chapelle Saint-Jean, Château-Arnoux; les entreprises / the companies François Labbé (Nice), Marioni (Rozières-sur-Mouzon), Michel Chauvin (Château-Arnoux), et les boutiques / and the stores Lacoste (Nantes), Sport Leader (Nantes), La Halle aux sports (Saint-Herblain).